ÉCOLE DU SOLDAT

ET

MANIEMENT D'ARMES

DU

FUSIL A PERCUSSION

A L'USAGE

**des Sous Officiers et Caporaux
de la Garde Nationale
et des Sapeurs-Pompiers.**

ÉCOLE DU SOLDAT.

PREMIÈRE LEÇON.

POSITION DU SOLDAT.

1. Les talons sur la même ligne et rapprochés autant que la conformation de l'homme le permettra, les pieds un peu moins ouverts que l'équerre et également tournés en dehors, les genoux tendus sans les raidir, le corps d'aplomb sur les hanches et penché en avant, les épaules effacés et également tombantes, les bras pendant naturellement, les coudes près du corps la paume de la main un peu tournée en dehors, le petit doigt en arrière de la couture du pantalon, la tête droite sans être gênée, le menton rapproché du cou, sans le couvrir, les yeux fixés à terre à environ quinze pas devant soi.

DEUXIÈME LEÇON.

MOUVEMENT DE TÊTE A DROITE ET A GAUCHE.

2. L'instructeur, ayant donné à l'homme de recrue la position d'un soldat sans armes, lui apprendra à tourner la tête à droite et à gauche à cet effet il commandera :

1. *Tête* — A DROITE.
2. FIXE.

3. A la fin de la seconde partie du premier commandement, le soldat tournera la tête à droite, sans brusquer le mouvement, de manière que le

coin de l'œil gauche du côté du nez réponde à la ligne des boutons de l'habit, les yeux fixés sur la ligne des yeux des hommes du même rang.

4. Au second commandement, il replacera la tête dans la position directe, qui doit être la position habituelle du soldat.

5. Le mouvement de *tête à gauche* s'exécutera par les moyens inverses.

6 L'instructeur veillera à ce que le mouvement de la tête n'entraîne pas les épaules ce qui pourrait arriver si on le brusquait.

7. Lorsque l'instructeur voudra faire passer le soldat de l'état d'attention à celui de repos, il commandera :

REPOS.

8. A ce commandement, le soldat ne sera plus tenu à garder l'immobilité ni la position.

9. L'instructeur, voulant lui faire reprendre la position et l'immobilité, fera les commandements suivants :

1. *Garde à vous.*
2. PELOTON.

10. Au premier commandement, le soldat fixera son attention.

Au second, il reprendra la position prescrite, ainsi que l'immobilité.

TROISIÈME LEÇON.
A DROITE, A GAUCHE, DEMI-TOUR A DROITE

11. Les *à droite* et les *à gauche* s'exécuteron en un temps ; l'instructeur commandera :

1. *Peloton par le flanc droit* (ou *gauche)*.

2. A DROITE (OU A GAUCHE).

12. Au second commandement, le soldat tournera sur le talon gauche, élevant un peu la pointe du pied gauche, et rapportera en même temps le talon droit à côté du gauche, sur la même ligne.

13. Le *demi-tour à droite* s'exécutera en deux temps. L'instructeur commandera :

1. *Peloton.*

2. DEMI-TOUR — A DROITE.

Premier temps.

14. Au commandement de *demi-tour* le soldat fera un demi à droite. portera le pied droit en arrière, le milieu du pied vis-à-vis et à huit centimètres du talon gauche.

Second temps.

15. Au commandement de *à droite*, le soldat tournera sur les deux talons, en élevant un peu les pointes des pieds, les jarrets tendus; fera face en arrière, et rapportera ensuite vivement le talon droit à côté du gauche.

16.....

17. L'instructeur veillera à ce que ces mouvements ne dérangent pas la position du corps.

QUATRIÈME LEÇON.

PRINCIPE DU PAS ORDINAIRE DIRECT.

18. La longueur du pas ordinaire sera de soixante-cinq centimètres à compter d'un talon à l'autre, et sa vitesse de soixante et seize par minute.

10. L'instructeur voyant l'homme de recrue affermi dans la position, lui expliquera le principe et le mécanisme du pas, en se plaçant à sept ou huit pas du soldat, en lui faisant face : il exécutera lui-même lentement le pas, afin de joindre ainsi l'exemple en même temps qu'il expliquera le principe ; il commandera ensuite :

1. *Peloton en avant.*

2. *Pas ordinaire.*

3. MARCHE.

20. Au premier commandement, le soldat portera le poids du corps sur la jambe droite.

21. Au troisième commandement, il portera vivement, mais sans secousse, le pied gauche en avant à soixante-cinq centimètres du droit, le jarret tendu, la pointe du pied un peu baissée et légèrement tournée en dehors, ainsi que le genou ; il portera en même temps le poids du corps en avant il posera, sans frapper, le pied gauche à plat, précisément à la distance où il se trouve du droit, tout le poids du corps se

portant sur le pied qui pose à terre. Le soldat passera ensuite vivement, mais sans secousse, la jambe droite en avant, le pied passant près de la terre, le posera à la même distance et de la même manière qu'il vient d'être expliqué pour le pied gauche, et continuera de marcher ainsi, sans que les jambes se croisent, sans que les épaules tournent, et la tête restant toujours dans la position directe.

22. Lorsque l'instructeur voudra arrêter la marche, il commandera :

1. *Peloton.*
2. Halte.

23. Au second commandement, qui sera fait à l'instant ou l'un ou l'autre pied indifféremment va poser à terre, le soldat rapportera le pied qui est en arrière à côté de l'autre sans frapper.

24. L'homme de recrue étant de pied ferme, l'instructeur lui fera quelquefois marcher le pas en arrière ; à cet effet, il commandera :

1. *Peloton en arrière.*
2. Marche.

25. Au commandement de *marche*, le soldat retirera vivement le pied gauche en arrière, et le portera à la distance de trente-trois centimètres, à compter d'un talon à l'autre, et ainsi de suite jusqu'au commandement de *halte*, qui sera toujours précédé de celui de *peloton*. Le soldat s'arrêtera à ce commandement, en rapportant le pied qui est en avant à côté de l'autre sans frapper.

26. L'instructeur veillera à ce que le soldat se porte droit en arrière, et que l'aplomb ainsi que la position du corps soient toujours conservés, la cadence de ce pas sera le même que celle du pas ordinaire.

PRINCIPES DU PAS ACCÉLÉRÉ.

27. Les principes du pas accéléré sont les mêmes que ceux du pas ordinaire, mais sa vitesse est de cent dix par minute.

Les hommes de recrue étant de pied ferme, l'instructeur commandera :

1. *Peloton en avant.*
2. *Pas accéléré.*
3. MARCHE.

28. Lorsque l'instructeur voudra arrêter le peloton marchant au pas accéléré, il commandera :

1. *Peloton.*
HALTE.

Le commandement de *halte* sera fait indistinctement sur l'un ou l'autre pied, mais un moment avant qu'il soit prêt à poser à terre.

MANIEMENT DES ARMES.

Port d'armes.

29. L'arme dans le bras droit au défaut de l'épaule, le canon en arrière et d'aplomb, la baguette en dehors, le bras droit presque allongé, la main droite embrassant le chien et la sous-garde, la crosse à plat le long de la cuisse droite, la main gauche dans le rang.

Présentez — VOS ARMES.

Un temps et deux mouvements.

Premier mouvement

30. Portez l'arme avec la main droite d'aplomb, vis-à-vis le milieu du corps, la baguette en avant, empoigner en même temps l'arme brusquement avec la main gauche, le petit doigt joignant l'évidement du bois en avant de la platine, le pouce allongé le long du canon contre la monture, l'avant-bras collé au corps sans être gêné, la main à hauteur du coude.

Deuxième mouvement

31. Empoigner l'arme de la main droite au-dessous et contre la sous-garde

Portez — VOS ARMES.

Un temps et deux mouvements.

Premier mouvement

32. Glisser la main gauche jusqu'à la hauteur de l'épaule, et porter avec cette main l'arme d'aplomb contre l'épaule droite, empoigner avec la main droite le chien et la sous-garde, le bras droit presque allongé.

Deuxième mouvement

33. Laisser tomber vivement la main gauche dans le rang.

Reposez-vous — SUR VOS ARMES.

Un temps et deux mouvements.

Premier mouvement.

34. Porter brusquement la main gauche à la grenadière détacher un peu l'arme de l'épaule avec la main droite lâcher l'arme de la main droite, la descendre de la main gauche, la ressaisir avec la droite au-dessous de la capucine, le petit doigt derrière le canon pour l'empoigner, l'arme d'aplomb, la crosse à trois pouces de terre, le talon de la crosse dirigé sur le côté de la pointe du pied droit, et laisser tomber la main gauche dans le rang.

Deuxième mouvement.

35. Laisser glisser l'arme dans la main droite en ouvrant un peu les doigts de manière que le talon de la crosse se place à côté et contre la pointe du pied droit.

36. Les soldats étant reposés sur les armes, lorsque l'instructeur voudra faire mettre les armes à terre il commandera :

Vos armes — A TERRE.

Un temps et deux mouvements.

Premier mouvement.

37. Tourner l'arme de la main droite, la rosette en avant, courber le corps brusquement, avancer le pied gauche, le talon vis-à-vis la capucine ; poser l'arme à terre droit devant soi avec la main droite, le talon de la crosse restant toujours à hauteur de la pointe du pied droit, le jarret droit un peu ployé, le talon droit élevé.

Deuxième mouvement.

38. Se relever, rapporter le pied gauche à côté du droit et laisser tomber les deux mains à leur position.

Relevez — VOS ARMES.

Un temps et deux mouvements.

Premier mouvement

39. Couber le corps brusquement avancer le pied gauche, le talon vis-à-vis la capucine, le jarret droit un peu ployé, le talon droit élevé, et saisir l'arme avec la main droite.

Deuxième mouvement.

40. Relever l'arme, rapporter le pied gauche à côté du droit, retourner aussitôt l'arme avec la main droite, la baguette en avant et laisser tomber la main gauche à sa position.

Portez — VOS ARMES.

Un temps et deux mouvements.

Premier mouvement

41 Élever l'arme de la main droite, la saisir brusquement à hauteur de l'épaule, embrasser la sous-garde et le chien avec la main droite.

Deuxième mouvement

42. Laisser tomber vivement la main gauche dans le rang.

L'arme — AU BRAS.

Un temps et trois mouvements.

Premier mouvement.

43. Porter l'arme en avant avec la main droite

entre les yeux et d'aplomb ; la baguette en
dehors, saisir l'arme de la main gauche à la
capucine, la relever à la hauteur du menton. et
empoigner en même temps l'arme de la main
droite à quatre pouces au-dessous de la platine.

Deuxième mouvement

44. Retournez l'arme avec la main droite, le
canon en dehors, l'appuyer à l'épaule gauche,
et passer l'avant-bras gauche horizontalement
sur la poitrine entre la main droite et le chien,
qui sera appuyé sur l'avant-bras gauche, la main
gauche sur le tèton droit.

Troisième mouvement

45. Laisser tomber vivement la main droite
dans le rang.

Portez — VOS ARMES.

Un temps et trois mouvements

Premier mouvement

46. Empoigner l'arme avec la main droite, au
dessous et contre l'avant-bras gauche. la saisir
avec la main gauche, à hauteur de la capucine ;
détacher un peu l'arme de l'épaule, sans que le
bec de la crosse change de place ; l'arme
d'aplomb, le coude joint à l'arme.

Deuxième mouvement

47. Porter l'arme avec les deux mains d'aplomb
contre l'épaule droite, la baguette en avant
tourner la main droite pour embrasser le chien
et la sous-garde ; glisser en même temps la main
gauche à hauteur de l'épaule, les doigts ouverts
et joints, le bras droit presque allongé.

Troisième mouvement

48. Laisser tomber vivement la main gauche dans le rang.

Remettez — LA BAÏONNETTE.

Un temps et trois mouvements,

Premier mouvement

49. Porter brusquement la main gauche à la grenadière, détacher un peu l'arme de l'épaule avec la main droite.

Deuxième mouvement

50. Descendre l'arme avec la main gauche en la faisant tourner, le canon en dehors et vis-à-vis le milieu du corps, placer la crosse entre les pieds, remonter la main droite a la douille de la baïonnette le pouce sur la bague.

Troisième mouvement.

51 Oter la baïonnette en retournant la pointe vers le corps la branche reposant entre le pouce et le premier doigt, introduire la baïonnette dans le fourreau porter ensuite le petit doigt sur le gros bout de la baguette et allonger le bras gauche de toute sa longueur sans baisser l'épaule.

Portez — VOS ARMES.

Un temps et deux mouvements.

Premier mouvement

52. Lacher l'arme de la main droite, la lever et la porter contre l'épaule droite avec la main gauche en la faisant tourner la baguette en avant,

embrasser en même temps la sous-garde et le chien avec la main droite.

Deuxième mouvement.

53. Laisser tomber la main gauche dans le rang.

Baïonnette — AU CANON.

Un temps et trois mouvements.

54. Exécuter ce qui est prescrit aux n°s 49, 50 et 51, à la fin du second mouvement porter la main droite à la baïonnette qui est dans le fourreau pour le porter au bout du canon.

Portez — VOS ARMES.

Un temps et deux mouvements.

Croisez — LA BAÏONNETTE.

Un temps et deux mouvements.

Premier mouvement

55. Faire un demi à droite en tournant sur le talon gauche porter le milieu du pied droit à 8 centimètres du talon gauche, lever en même temps l'arme de la main droite la saisir de la main gauche le pouce en travers sur la capucine l'arme d'aplomb et détaché de l'épaule.

Deuxieme mouvement

56. Abattre l'arme des deux mains la main droite restant à la hanche, la pointe de la baïonnette à hauteur de l'œil et porter le haut du corps en avant.

Portez — VOS ARMES.

Un temps et deux mouvements.

Premier mouvement.

57. Redresser l'arme avec la main gauche en evenant face en tête, la placer contre l'épaule troite la baguette en avant ; empoigner en même temps le chien et la sous-garde avec la main droite

Deuxième mouvement.

58. Lâcher l'arme de la main gauche, laisser tomber cette main dans le rang, et allonger en même temps le bras droit.

L'arme sur l'épaule droite.

Un temps et deux mouvements.

Premier mouvement

59. Faire sauter l'arme verticalement en avant de la main droite dans la main gauche, qui la saisira entre la capucine et la batterie ; placer en même temps la main droite sur le plat de la crosse, de manière que le bec se trouve entre les deux premiers doigts, les deux derniers sous la crosse.

Deuxième mouvement.

60. Abandonner l'arme de la main gauche, achever de l'enlever de la droite, la porter sur l'épaule droite, le chien au dessus, laisser tomber la main gauche dans le rang.

Portez — VOS ARMES.

Un temps et deux mouvements.

Premier mouvement.

61. Redresser l'arme perpendiculairement, en

allongeant vivement le bras droit de toute sa longueur, la baguette en avant ; saisir en même temps l'arme avec la main gauche à la capucine.

Deuxième mouvement

62. Abandonner la crosse de la main droite, qui embrassera aussitôt le chien et la sous-garde, achever de descendre l'arme avec la main droite, glisser la main gauche à hauteur de l'épaule, les doigts ouverts et joints, et laisser tomber la main gauche dans le rang.

63. Etant l'arme au bras, la mettre sur l'épaule droite.

L'arme sur l'épaule droite.

Un temps et deux mouvements.

Premier mouvement

64. Saisir l'arme avec la main droite à la poignée, placer la main gauche sous la crosse, la paume de la main contre le plat extérieur le talon entre le premier et le second doigt, les deux derniers sous la crosse.

Deuxième mouvement

65. Tourner l'arme avec la main gauche, dans la main droite, le chien au-dessus, la porter sur l'épaule droite, la main gauche, ne quittant pas la crosse, le bout du canon en l'air ; contenir l'arme dans cette position, en plaçant la main droite sur le plat de la crosse, le bec entre les deux premiers doigts, laisser tomber la main gauche dans le rang.

L'arme — AU BRAS.

Un temps et deux mouvements.

Premier mouvement

66. Comme pour porter l'arme.

Deuxieme mouvement

67. Tourner l'arme avec les deux mains, le canon en avant, la saisir à la poignée avec la main droite, la porter vis-à-vis l'épaule gauche ; placer l'avant-bras gauche étendu sur la poitrine comme il est prescrit au n° 44 et laisser tomber la main droite dans le rang.

68. Etant reposé sur l'arme, la mettre sur l'épaule droite.

Un temps et deux mouvements.

Premier mouvement

69. Élever l'arme avec la main droite, la saisir en même temps avec la main gauche entre la capucine et la batterie, placer la main droite sous la crosse le bec entre les deux premiers doigts.

Deuxième mouvement

70. Élever l'arme des deux mains, la placer sur l'épaule droite et laisser tomber la main gauche dans le rang.

Reposez-vous — SUR VOS ARMES.

Un temps et trois mouvements.

Premier mouvement

71. Allonger le bras droit de toute sa longueur,

sans baisser l'épaule, saisir l'arme avec la main gauche au-dessous de la grenadière, la baguette en avant.

Deuxième mouvement

72. Quitter la crosse de la main droite ; descendre l'arme avec la main gauche le long et près du corps, la saisir au-dessus de la capucine avec la main droite, qui sera appuyée à la hanche.

Troisième mouvement

73. Poser la crosse à terre en allongeant le bras droit, laisser tomber en même temps la main gauche à sa position.

74. Remettre la baïonnette étant en marche et au port d'armes.

Remettez — LA BAÏONNETTE.

Un temps et deux mouvements.

Premier mouvement

75. Passer l'arme de droite à gauche en la tournant le canon en dehors ; la saisir de la main gauche à la capucine et la maintenir le bout du canon vis-à-vis le milieu du corps et le plat de la crosse contre le côté extérieur du mollet gauche, saisir en même temps la baïonnette avec la main droite, l'ôter du canon et la remettre dans le fourreau.

Deuxième mouvement

76. Retourner l'arme la baguette en avant, en la replaçant avec la main gauche contre l'épaule droite, saisir en même temps l'arme avec la main droite comme il est prescrit dans le port d'armes.

Baïonnette — AU CANON.

Un temps et deux mouvements.

Premier mouvement.

77. Comme pour remettre la baïonnette, la main droite allant saisir la baïonnette par la douille et la branche, l'arracher du fourreau, la porter et la fixer au bout du canon.

Deuxième mouvement.

78. Comme au n° 76.

79. Remettre la baïonnette étant l'arme sur l'épaule droite.

Remettez — LA BAÏONNETTE.

Un temps et trois mouvements.

Premier mouvement.

80. Allonger le bras droit de toute sa longueur, saisir l'arme de la main gauche à la capucine et exécuter ce qui est prescrit au n° 75.

Deuxième mouvement.

81. Apporter l'arme avec la main gauche vis-à-vis l'épaule droite en élevant la main gauche à la hauteur du têton droit, le chien en avant, placer en même temps la main droite sur le plat de la crosse, le bec entre les deux premiers doigts les autres joints sous la crosse.

Troisième mouvement

83 Élever l'arme des deux mains, la placer à plat sur l'épaule droite, le chien au-dessus, et

laisser tomber en même temps la main gauche dans le rang.

Baïonnette — AU CANON.

Un temps et trois mouvements

84. Allonger le bras droit de toute sa longueur, saisir l'arme de la main gauche à la capucine, la descendre le bout du canon vis-à-vis le milieu du corps à la hauteur des épaules, saisir la baïonnette la fixer au bout du canon.

Deuxième et troisième mouvements

Comme aux nᵒˢ 81 et 83.

Arme — SOUS LE BRAS GAUCHE.

Un temps et deux mouvements.

Premier mouvement

85. Exécuter ce qui a été prescrit pour mettre l'arme au bras, la main gauche saisissant l'arme à la capucine, la baguette en avant.

Deuxième mouvement

86. Tourner l'arme le canon en dehors, la porter contre l'épaule gauche en chassant la crosse en arrière avec la main droite, la main gauche venant s'appuyer à la hanche et la droite tombant en même temps dans le rang.

Portez — VOS ARMES.

Un temps et deux mouvements.

Premier mouvement

87. Redresser l'arme avec la main gauche, le

canon en dehors, la saisir en même temps de la main droite à la poignée; apporter l'arme avec les deux mains, le canon contre l'épaule droite et la baguette en avant, faire glisser la main gauche sur la bretelle jusqu'à la hauteur de l'épaule droite.

Deuxième mouvement

88. Renvoyer brusquement la main gauche dans le rang, le bras droit presque allongé.

89. CHARGE EN DOUZE TEMPS.

1. *Chargez* — VOS ARMES.

Un temps et quatre mouvements.

Premier mouvement

90. Faire un demi à droite en tournant sur le talon gauche et porter le milieu du pied droit contre le talon gauche, lever un peu l'arme de la main droite la saisir de la main gauche, le petit doigt touchant l'évidement du bois, les quatre doigts et le pouce allongés le long de la monture.

Deuxième mouvement

91. Abattre l'arme des deux mains, la crosse venant s'arrêter sous l'avant bras droit, la poignée du fusil à cinq centimètres au-dessous du téton droit le bout du canon à la hauteur de l'œil.

Troisième mouvement

92. Lever le coude droit et placer le pouce sur la crête du chien pour armer.

Quatrième mouvement

93. Faire effort avec le pouce sur la crête du chien en rabattant le coude et porter ensuite la main droite à la poche aux capsules.

2. *Prenez* — LA CAPSULE.

Un temps et un mouvement.

94. Prendre la capsule entre le pouce et l'index, les autres doigts presque fermés, la porter près de la cheminée, les ongles renversés le coude le long de la crosse.

3. AMORCEZ.

Un temps et un mouvement.

95. Baisser la tête, fixer les yeux sur la cheminée, y placer la capsule, appuyer fortement dessus avec le pouce pour l'enfoncer entièrement, les autres doigts fermés porter ensuite le pouce en travers sur le chien, le premier doigt sur la détente, les autres embrassant la poignée de l'arme et contre la sous-garde.

4. *Couvrez* — LA CAPSULE.

Un temps et un mouvement.

96. Dégager avec le pouce le chien du cran de l'arme, en pressant légèrement la détente avec le premier doigt, conduire le chien à l'abbattu en le soutenant de manière à ne pas écraser la capsule, porter le pouce derrière la crête du chien, l'ongle en l'air, les autres doigts presque fermés la main tombante, l'avant-bras serré le

long de la crosse, appuyer avec force sur la crête du chien avec le pouce de la main droite en résistant de la main gauche saisir ensuite l'arme à la poignée avec la main droite, le coude en arrière et un peu détachée du corps.

5. L'arme — A GAUCHE.

Un temps et trois mouvements.

Premier mouvement

97. Passer l'arme le long de la cuisse gauche, en la redressant près du corps ; à cet effet, appuyer fortement sur la crosse, en étendant vivement le bras droit sans baisser l'épaule droite ; tourner, en même temps la baguette vers le corps, ouvrir la main gauche et laisser glisser l'arme dans cette main jusqu'au-dessous de la grenadière, le coude restant près du corps, le chien portant sur le premier doigt de la main droite, le pouce sur la rosette ; faire en même temps face en tête, en tournant sur le talon gauche, et porter le pied droit en avant, le talon contre le milieu du pied gauche.

Deuxième mouvement

98. Lâcher le fusil de la main droite, descendre l'arme avec la main gauche le long et près du corps. remonter en même temps la main droite à hauteur et près du bout du canon, les quatre doigts réunis sur la douille de la baïonnette, le pouce sur la baguette ; poser la crosse à terre sans frapper, la main gauche appuyée au

corps, l'arme touchant la cuisse gauche, le bout
du canon vis-à-vis le milieu du corps.

Troisième mouvement.

99. Passer rapidement la main le long et près
du corps pour ouvrir la giberne.

6. *Prenez* — LA CARTOUCHE.

Un temps et un mouvement.

100. Prendre la cartouche entre le pouce et
les deux premiers doigts, la porter entre les
dents, le coude au corps.

7. *Déchirez.* LA CARTOUCHE.

Un temps et un mouvement.

101. Déchirer la cartouche jusqu'à la poudre,
la fermer à l'ouverture avec le pouce et les deux
premiers doigts, porter la main droite à hauteur
et près du bout du canon.

8. *Cartouche* — DANS LE CANON.

Un temps et un mouvement.

102. Porter l'œil sur le bout du canon, tourner
brusquement le dessus de la main droite vers le
corps, pour renverser la poudre dans le canon, en
élevant le coude à hauteur du poignet. Secouer
la catouche, retourner la main, la paume vers
le corps, engager la balle dans le canon, jusqu'à
la naissance de l'ogive ; déchirer le papier sans
la déplacer ; achever d'enfoncer la balle en ap-
puyant dessus avec la paume de la main doite,
et saisir la baguette avec le pouce et le premier

doigt ployé, les autres fermés, le coude abattu.

9 *Tirez*—LA BAGUETTE.

Un temps et trois mouvements.

Premier mouvement

103. Tirer vivement la baguette en allongeant le bras de toute sa longueur ; la resaisir par le milieu entre le pouce et le premier doigt, la main renversée la paume en avant, les ongles en l'air, les yeux suivant le mouvement de la main , dégager la baguette du tenon en allongeant de nouveau le bras.

Deuxième mouvement

104. Tourner rapidement la baguette entre la baïonnette et le visage, en fermant les doigts, les baguettes des hommes du second rang rasant l'épaule droite de l'homme qui est immédiatement devant eux dans leur file, la baguette droite et parallèle à la baïonnette, la bras tendu, le gros bout de la baguette vis-à-vis l'embouchure du canon, sans y être engagé, les yeux fixés sur cette embouchure.

Troisième mouvement

105. Mettre le gros bout.de la baguette dans le canon et l'y enfoncer jusqu'à la main.

10. BOURREZ.

Un temps et un mouvement.

106. Remonter la main droite, en étendant le bras pour saisir à pleine main la baguette par son

extrémité, achever d'enfoncer la balle jusqu'au fond du canon ; saisir ensuite la baguette par le petit bout avec le pouce allongé et le premier doigt ployé, les autres fermés ; assurer la balle dans le fond du canon, en bourrant deux coups modérés, le coude joint au corps.

11. *Remettez* — LA BAGUETTE.

Un temps et trois mouvements.

Premier mouvement

107. Tirer vivement la baguette, la ressaisir par le milieu entre le pouce et le premier doigt, la main renversée, la paume de la main en avant, les ongles en l'air les yeux suivant le mouvement de la main ; dégager la baguettte du canon en allongeant le bras.

Deuxième mouvement

108. Tourner rapidement la baguette entre la baïonnette et le visage, en fermant les doigts, les baguettes des hommes du second rang rasant l'épaule droite de l'homme qui est immédiatement devant eux dans leur file, la baguette droite et parallèle à la baïonnette, le bras tendu, le petit bout de la baguette vis-à-vis l'entrée du tenon sans y être engagé, les yeux fixés sur cette entrée.

Troisième mouvement

109. Engager le petit bout dans le tenon et faire glisser la baguette avec le pouce, qui l'accompagnera jusqu'à la grenadière, remonter vivement la main un peu ployée, mettre le petit doigt sur

le gros bout de la baguette, afin d'achever de
l'enfoncer; descendre la main gauche le long du
canon, en allongeant le bras de toute sa longueur,
sans baisser l'épaule.

12. *Portez* — VOS ARMES.

Un temps et deux mouvements.

Premier mouvement.

110. Lacher l'arme de la main droite, la porter
contre l'épaule droite avec la main gauche en la
faisant tourner la baguette en avant, descendre
la main droite et saisir la ba terie, remonter en
même temps la main gauche jusqu'à la grenadière.

Deuxième mouvement.

111. Laisser tomber vivement la main gauche
dans la position prescrite.

Apprêtez — VOS ARMES.

Un temps et quatre mouvements.

Premier mouvement.

112. Faire un demi à droite en tournant sur
le talon gauche, porter le milieu du pied droit
contre le talon gauche, élever en même temps
l'arme, la saisir de la main gauche à la hauteur
de l'épaule les quatre doigts réunis, le pouce
allongé le long de la monture, le petit doigt
touchant l'évidement du bois, la saisir en même
temps de la main droite à la poignée et contre
la sous-garde.

Deuxième mouvement

113. Lever le coude droit et placer le pouce en travers sur la crête du chien.

Troisième mouvement

114. Faire effort avec le pouce sur la crête du chien en rabattant le coude pour armer.

Quatrième mouvement

115. Saisir l'arme à la poignée avec la main droite, ouvrir la main gauche et laisser glisser l'arme dans cette main jusqu'à la capucine.

POSITION DU SECOND RANG.

116. Les quatre mouvements comme ceux du premier rang.

JOUE.

Un temps et un mouvement.

117. Abaisser vivement le bout du canon la main gauche restant à la capucine, appuyer la crosse contre l'épaule le coude gauche abattu le droit élevé sans cependant arriver à hauteur de l'épaule fermer l'œil gauche, abaisser la tête sur la crosse pour ajuster, diriger l'œil droit le long du canon le rayon visuel passant par le fond de l'encoche et correspondant au sommet du guidon et placer le premier doigt sur la détente. Les hommes du second rang porteront en même temps le pied droit à vingt-deux centimètres sur la droite vers le talon gauche de l'homme qui est à côté d'eux.

FEU.

Un temps et un mouvement.

118. Appuyer avec force le premier doigt sur la détente, sans baisser davantage la tête ni la détourner, et rester dans cette position.

CHARGEZ.

Un temps et trois mouvements.

Premier mouvement

119. Retirer brusquement l'arme et prendre la position du deuxième mouvement du premier temps de la charge. Le second rang rapportera en même temps le pied droit derrière le gauche.

Deuxième mouvement

120. Comme le troisième mouvement du premier temps de la charge.

Troisième mouvement

121. Comme le quatrième mouvement du premier temps de la charge.

Lorsque, après avoir tiré, l'instructeur, au lieu de faire charger les armes, voudra les faire porter, il commandera :

Portez — VOS ARMES.

Un temps et un mouvement.

122. Au commandement de *portez*, prendre la position du deuxième mouvement du premier temps de la charge : au commandement de vos armes, porter vivement les armes, en se remettant face en tête.

Les soldats étant dans la position de joue, lorsque l'instructeur voudra leur faire redresser les armes, il commandera :

Redressez — VOS ARMES.

Un temps et un mouvement.

123. Au commandement de *redresssez*, retirer le doigt de dessus la détente ; au commandement de *vos armes*, redresser vivement l'arme et reprendre la position du quatrième mouvement du temps *apprêtez vos armes ;* les soldats étant dans la position du temps d'apprêter vos armes, si l'instructeur veut leur faire porter l'arme, il commandera :

Portez — VOS ARMES.

124. Au commandement de *portez*, les deux rangs reviendront face en tête et rapporteront l'arme au milieu du corps, la baguette en avant, le pouce de la main gauche à hauteur du menton et le petit doigt à deux centimètres environ au-dessus de la platine ; placer ensuite le pouce de la main droite sur la crète du chien, appuyer le premier doigt sur la détente, soutenir en même temps le chien en le laissant descendre pour couvir la capsule et saisir l'arme à la poignée avec la main droite. Au commandement de *vos armes*, porter vivement l'arme à l'épaule et reprendre la position du port d'armes.

INSPECTION DES ARMES.

125. Les soldats étant reposé sur les armes et

ayant la baïonnete dans le fourreau, si l'instructeur veut faire l'inspection des armes, il commandera :

Inspection — DES ARMES.

Un temps et trois mouvements.

Premier mouvement

126. Faire un demi-tour à droite sur le talon gauche, en portant le pied droit à seize centimètres du gauche, perpendiculairement en arrière de l'alignement, les pieds en équerre ; saisir brusquement l'arme de la main gauche un peu au-dessus de la grenadière, incliner le bout du canon en arrière sans que la crosse bouge, la baguette tournée vers le corps, porter en même temps la main droite à la baïonnette, la saisir par la douille et la branche de manière que l'extrémité de la douille dépasse la main de deux centimètres.

Deuxième mouvement

127. Arracher la baïonnette du fourreau, la porter et la fixer au bout du canon, saisir ensuite la baguette, la tirer comme il a été expliqué à la charge en douze temps, et la laisser glisser dans le canon.

Troisième mouvement

128. Se mettre vivement face en tête, en saisissant l'arme avec la main droite, et prendre la position du soldat reposé sur l'arme.

129. L'instructeur inspectera ensuite succes-

sivement l'arme de chaque soldat, en passant devant le rang. Chaque soldat, à mesure que l'instructeur passera devant lui, élèvera vivement son arme de la main droite, la saisira avec la main gauche entre la capucine et la platine en dehors, la main gauche à hauteur du menton, l'arme vis-à-vis l'œil gauche ; l'instructeur la prendra et la lui rendra après l'avoir examinée ; le soldat la reprendra de la main droite et la reposera à la position du soldat reposé sur l'arme.

130. Lorsque l'instructeur l'aura dépassé, chaque soldat reprendra la position prescrite au commandement *d'inspection des armes*, et remettra la baguette ; après quoi il reviendra face en tête.

151. Si, au lieu de faire l'inspection des armes, l'instructeur veut seulement faire mettre la baïonnette au canon, il commandera :

Baïonnette—AU CANON.

132. Prendre la position indiquée ci-dessus n° 126, mettre la baïonnette au canon comme il a été expliqué, et revenir aussitôt face en tête.

133. La baïonnette étant au bout du canon, si l'instructeur veut faire mettre la baguette dans le canon, pour faire l'inspection des armes, après avoir tiré il commandera :

Baguette—DANS LE CANON.

134. Mettre la baguette dans le canon, comme

a été expliqué ci-dessus, et faire aussitôt face
n tête.

135. L'instructeur voulant seulement examiner
i l'arme n'est pas chargée, pourra, pour s'en
ssurei, prendre la baguette par le petit bout,
t la faire sauter dans le canon.

136. Chaque soldat, à mesure que l'instructeur
'aura dépassé, reprendra la position prescrite
u commandement de *baguette dans le canon*,
emettra la baguette et reviendra face en tête.

OBSERVATIONS RELATIVES AU MANIEMENT DES ARMES.

137. Le maniement des armes déforme souvent
hez les hommes de recrue la position du corps,
uand elle n'est pas encore parfaitement assurée.
l est donc nécessaire que l'instructeur les
amène souvent à la régularité de position et du
ort d'arme dans le cours des leçons.

138. Les hommes de recrue sont aussi fort
ujets à creuser les reins et à renverser le corps,
urtout au premier temps de la charge, lorsqu'on les y tient trop longtemps : aussi l'ins-
ructeur doit éviter de trop les arrêter dans
ette position.

CHARGE EN QUATRE TEMPS.

139. L'objet de cette charge est de préparer
es soldats à la charge à volonté, et de leur faire
listinguer les temps qui exigent le plus de
régularité et d'attention, tels que ceux d'a-
norcer, de mettre la cartouche dans le canon

2

et de bourrer ; cette charge sera divisée ainsi qu'il suit :

140. Le premier temps s'exécutera à la fin du commandement, les trois autres au commandement de *deux*, *trois* et *quatre*.

141. L'instructeur commandera :

    1. *Charge en quatre temps.*

    2. *Chargez* — VOS ARMES.

142. Exécuter le premier temps de la charge, prendre la capsule, amorcer, couvrir la capsule, saisir l'arme à la poignée.

Deux.

143. Passer l'arme à gauche ; prendre la cartouche, la déchirer, la mettre dans le canon, la secouer et l'enfoncer ; saisir la baguette par le gros bout.

Trois.

144. Tirer la baguette, la faire entrer dans le canon jusqu'à la main, et bourrer deux coups.

Quatre.

145. Remettre la baguette et porter l'arme.

CHARGE A VOLONTÉ.

146. L'instructeur enseignera ensuite la charge à volonté, qui s'exécutera comme la charge en quatre temps, mais de suite et sans s'arrêter sur aucun temps ; l'instructeur commandera :

    1. *Charge à volonté.*

2. *Chargez* — VOS ARMES.

OBSERVATIONS RELATIVES AUX CHARGES.

147. L'instructeur observera que les soldats qui, sans se presser en apparence, chargent avec calme et sang-froid, sont ceux qui chargent le mieux et le plus promptement, parce qu'ils tournent la baguette sans accrocher celles des hommes qui sont à côté ou devant eux : qu'ils ne manquent ni l'embouchure du canon, ni celle du tenon ; qu'ils bourrent mieux et ne laissent pas tomber les cartouches en les prenant dans la giberne, objet essentiel auquel l'intructeur obligera les soldats a donner la plus grande attention.

148. L'instructeur exigera de la régularité dans l'exécution des temps et les positions, sans quoi les soldats se géneraientet s'embarasseraient réciproquement ; il les habituera progressivement à charger leurs armes le plus promptement possible, sans se régler sur leurs voisins ˙ et surtout sans les attendre.

149. La cadence prescrite au n° 73 n'est pas applicable aux mouvements dont se composent la charge en quatre temps et la charge à volonté.

QUATRIÈME LEÇON.

FEUX.

158 Les feux sont directs ou obliques, et s'exécuteront ainsi qu'il va être expliqué.

FEU DIRECT.

151. L'instructeur fera les commandements suivants :

1. *Feu de peloton.*

2. *Peloton.*

3. ARMES.

4. JOUE.

5. FEU.

6. CHARGEZ.

152. Ces divers commandements seront exécutés comme il a été prescrit au maniement des armes. Après le sixième commandement les hommes chargeront leurs armes et les porteront.

FEUX OBLIQUES.

153. Les feux obliques s'exécuteront à droite et à gauche et par les mêmes commandements que le feu direct : avec cette différence que le commandement de *joue* sera précédé chaque fois par le commandement de *oblique à droite* ou *oblique à gauche*, qui sera fait après celui *d'armes*.

POSITION DES DEUX RANGS DANS LES FEUX OBLIQUES
A DROITE.

154. Au commandement d'*armes*, les deux rangs exécuteront ce qui leur a été prescrit pour le feu direct.

155. Au commandement d'avertissement de *oblique à droite*, les deux rangs effaceront

l'épaule droite et regarderont fixement l'objet
sur lequel il doivent tirer. Dans cette position
le second rang sera prêt à mettre en joue dans
le même créneau que dans le feu direct, quoique
dans une direction oblique.

156. Au commandement de *joue*, le premier
rang dirigera le bout du canon à droite sans
déranger les pieds ; le second rang avancera le
pied gauche d'environ seize centimètres vers la
pointe du pied droit de l'homme du premier
rang de sa file, portera le haut du corps en avant
en ployant un peu le genou gauche et dirigera le
bout du canon à droite.

157. Au commandement de *chargez*, les deux
rangs reprendront la position qui leur a été pres
crite dans le feu direct, le second rang rapportera
le talon gauche vis-à-vis le milieu du pied droit
en retirant l'arme.

POSITION DES DEUX RANGS DANS LES FEUX OBLIQUES ,
A GAUCHE.

158. Au commandement d'*armes*, les deux
rangs exécuteront ce qui leur a été prescrit dans
le feu direct.

159. Au commandement d'avertissement de
oblique à gauche, les deux rangs effaceront
l'épaule gauche et regarderont fixement l'objet
sur lequel ils doivent tirer. Dans cette position.
les hommmes du second rang seront prêts à
mettre en joue dans le créneau à gauche de leur
chef de file et dans une direction oblique.

160. Au commandement de *joue*, le premier rang dirigera le bout du canon à gauche sans déranger les pieds, les hommes du second rang mettront en joue dans le créneau à gauche de leur chef de file ; chaque homme de ce rang avancera le pied gauche d'environ seize centimètres vers le talon droit de l'homme du premier rang de sa file portera le haut du corps en avant en ployant un peu le genou gauche, et en dirigeant le bout du canon à gauche.

161. Au commandement de *chargez* les deux rangs retireront leurs armes dans là position oblique où elles se trouvent, et amorceront dans cette position. Le second rang rapportera le talon gauche vis-à-vis et contre le milieu du pied droit. En passant l'arme à gauche, les deux rangs prendront la même position que dans le feu direct.

OBSERVATIONS RELATIVES AUX FEUX OBLIQUES.

163. *Effacer une épaule en mettant en joue afin de pouvoir diriger le bout du canon plus ou moins obliquement, selon la position de l'objet qu'on visera ;*

L'instructeur rendra ce principe sensible aux hommes de recrue, en plaçant un homme en avant, plus ou moins vers la droite ou vers la gauche pour figurer cet objet, lorsqu'ils connaîtront bien l'emboitement des feux obliques.

Porter le pied gauche à seize centimètres en avant, et faire avancer le haut du corps au second rang ;

Parce que, si l'on voulait reprendre la même
position que dans les feux directs, en retirant
l'arme pour amorcer, il faudrait la passer par-
dessus la tête de l'homme qui est devant soi.

FEU DE DEUX RANGS.

164. Le feu de deux rangs s'exécutera par les
deux rangs, dont les files tireront successivement,
sans se régler les unes sur les autres, excepté
pour le premier feu.

165. L'instructeur fera les commandements
suivants :

    1. *Feu de deux rangs.*

    2. *Peloton.*

    3. ARMES.

    4. COMMENCEZ LE FEU.

166. Au troisième commandement, les deux
rangs prendront la position prescrite pour les
feux de peloton directs et armeront.

167. Au quatrième commandement l'homme
de droite du premier rang et celui du second rang
mettront en joue ensemble et feront feu. Celui
du second rang en mettant en joue portera le
pied droit à vingt-deux centimètres sur la droite,
vers le talon gauche de l'homme qui est à côté
de lui et fera feu dans cette position.

168. Après avoir fait feu ils retireront vivement leurs armes, les chargeront et tireront de
nouveau sans s'attendre, puis rechargeront,
feront feu, et ainsi de suite.

169. La deuxième file mettra en joue à so
tour au moment où la première file retirera se
armes, fera feu et se conformera à ce qui vien
d'être prescrit pour la première file.

170. Après le premier feu, l'homme du pre
mier et celui du second rang ne s'astreindron
plus à mettre en joue en même temps.

171. Les deux rangs feront toujours face e
tête en passant l'arme à gauche. Après avoi
remis la baguette, ils prendront vivement l
position du deuxième mouvement du temp
d'*apprêtez vos armes*, n° 112 ; à cet effet, chaqu
homme ayant remis la baguette élèvera vivemen
son arme de la main gauche, la faisant glisse
dans cette main qui se placera à deux cen
timètres au-dessus de la platine à hauteur d
menton, la rosette tournée presque vers l
corps, en même temps qu'il fera un demi
droite pour revenir à la position prescrite, e
que le pouce de la main droite se placera su
la crête du chien pour armer, le premier doig
au dessous et contre la sous-garde. Après avoi
armé, les deux rangs prendront la position in
diquée au n° 167.

FEU PAR RANG.

172. L'instructeur, voulant faire exécuter l
feu par rang, commandera :

    1. *Feu par rang.*

    2. *Peloton.*

    3. ARMES.

4. *Second rang* — JOUE.

5. FEU.

6. CHARGEZ.

173. Au troisième commandement, les deux rangs prendront la position prescrite pour les feux.

174. Au quatrième commandement, le second rang mettra en joue en portant le pied droit à vingt-deux centimètres sur la droite et vers le talon gauche de l'homme qui est à côté de lui, conformément aux principes prescrits n° 167.

175. Les cinquième et sixième commandements seront exécutés comme il est indiqué aux n°s 118, 119.

176. Lorsque l'instructeur verra les armes apprêtées dans le second rang, il commandera :

1. *Premier rang* — JOUE.

2. FEU.

3. CHARGEZ.

177. Le premier rang mettra en joue sans bouger les pieds, et le feu continuera ainsi alternativement par le second et le premier rang, en suivant la même progression.

178. L'instructeur fera quelquefois tirer obliquement à droite ou à gauche, en se conformant à ce qui a été prescrit n°s 155 et 156

179. Lorsque l'instructeur voudra faire cesser e feu, il commandera :

Roulement.

180. A ce commandement, le soldat ne tirera plus ; chaque homme mettra son arme au repos,

la chargera ou achèvera de la charger, si elle ne
l'est pas, et la portera.

OBSERVATIONS GÉNÉRALES RELATIVES AUX FEUX.

181. Lorsqu'on exécutera les feux à poudre,
on recommandera aux hommes d'être attentifs à
observer, en découvrant la cheminée, si la fumée
s'en échappe, ce qui est une indication sûre que
le coup est parti ; si la fumée ne sortait pas, le
soldat: au lieu de recharger, épinglerait et amor-
cerait de nouveau. Si le soldat croyant le coup
parti avait mis une seconde charge, il devrait du
moins s'en apercevoir en bourrant, par la hauteur
de la charge, et il serait très punissable s'il en
mettait une troisième. L'instructeur fera donc
toujours l'inspection des armes après les feux à
poudre, afin de vérifier si chaque soldat a fait la
faute de mettre trois charges dans son fusil.

Il arrive quelquefois qu'après un raté de capsule, la cheminée se trouve bouchée par une
poussière blanche et très-dure ; dans ce cas le
soldat ne doit pas épingler, il suffit de mettre
une nouvelle capsule.

182. L'instructeur doit apporter aussi beau-
coup d'attention à ce que le soldat, après avoir
mis la capsule conduise le chien à l'abattu et le
soutienne du pouce de la main droite afin qu'il
ne puisse s'abattre sur la capsule.

OBSERVATIONS RELATIVES A LA DEUXIÈME PARTIE
DE L'ÉCOLE DU SOLDAT.

183. Lorsqu'après quelques jours d'exercice

de la leçon du maniement des armes, les hommes sont affermis dans le port d'armes, l'instructeur terminera toujours la leçon par les faire marcher pendant quelque temps sur un rang et à un pas l'un de l'autre, afin de les affermir de plus en plus dans le mécanisme du pas direct. Il leur montrera aussi à marquer et à changer le pas, ce qui s'exécutera de la manière suivante :

MARQUER LE PAS.

184. Les hommes étant en marche au pas ordinaire, l'instructeur commandera :

1. *Marquez le pas.*

2. MARCHE.

185. Au second commandement, qui sera fait à l'instant où le pied va poser à terre, les soldats simuleront le pas, en rapportant les talons à côté l'un de l'autre, sans avancer, et en observant la cadence du pas.

186. Lorsque l'instructeur voudra faire reprendre le pas ordinaire, il commandera :

1. *En avant.*

2. MARCHE.

187. Au second commandement, qui sera fait comme il est prescrit ci-dessus, les soldats reprendront le pas de soixante-cinq centimètres.

CHANGER LE PAS.

188. Les soldats étant en marche au pas ordinaire, l'instructeur commandera :

1. *Changez le pas*
2. MARCHE.

189. Au second commandement, qui sera fait à l'instant où le pied va poser à terre, les soldats rapporteront vivement le pied qui est derrière à côté de celui qui vient de poser à terre, et repartiront de ce dernier pied. Lorsque les soldats marcheront au pas accéléré, le commandement de *marche* sera prononcé un instant avant que le pied soit prêt à poser à terre.

ESCRIME A LA BAIONNETTE.

190. Les hommes seront placés sur un rang, à quatre pas d'intervalle les uns des autres, afin qu'ils ne puissent se rencontrer dans les voltes; ils porteront l'arme dans le bras droit, comme les sous-officiers, position qu'on devra leur enseigner avant de commencer cette leçon.

191. Le soldat étant placé au port d'armes de sous-officier, l'instructeur commandera:

1. *Garde contre l'infanterie*
Assurez — GARDE.

Un temps et deux mouvements.

Premier mouvement

192. Faire un demi-tour à droite en tournant sur les deux talons, les pieds en équerre; élever en même temps un peu l'arme, la saisir avec la main gauche au-dessous et près la capucine.

Deuxième mouvement.

193. Se fendre perpendiculairement en **arrière**

de la partie droite, à cinquante centimètres, le talon droit sur le prolongement du gauche, les jarrets un peu ployés, le poids du corps portant également sur les deux jambes ; abattre l'arme avec les deux mains, le canon en-dessus le coude gauche appuyé au corps ; empoigner en même temps l'arme au-dessous de la sous-garde avec la main droite, les bras pendant naturellement, la baïonnette légèrement élevée.

Portez — VOS ARMES.

194. Redresser l'arme avec la main gauche, la placer contre l'épaule droite, et rapporter en même temps le talon droit sur l'alignement du gauche, en revenant face en tête.

1. *Garde contre la cavalerie.*

2. *Assurez* — GARDE.

Un temps et deux mouvements.

195. Premier et second mouvement comme la garde contre l'infanterie, à l'exception que la main droite sera fixée à la hanche, et la baïonnette à la hauteur de l'œil, comme dans le mouvement de *croisez la baïonnette.*

196. Les hommes placés dans l'une des deux positions ci-dessus exécuteront les mouvements suivants :

1. *Face à droite(ou à gauche).*

2. A DROITE (OU A GAUCHE).

Tourner sur le talon gauche, en élevant la pointe du pied, faire face à droite (ou à gauche);

porter en même temps le pied droit en arrière, à cinquante centimètres.

1. *Demi-tour à droite.*

2. A droite.

197. Au second commandement, tourner à droite sur le talon gauche, en élevant un peu la pointe du pied, faire face en arrière sans déranger la position de l'arme, et rapporter le pied droit en arrière et à cinquante centimètres du gauche.

1. *Demi-tour à gauche.*

2. A gauche.

198. Tourner à gauche sur le talon gauche, à l'inverse de ce qui est prescrit ci-dessus.

1. *Un pas en avant.*

2. Marche.

199. Placer le pied droit derrière le gauche, et porter le pied gauche à cinquante centimètres en avant du droit.

1. *Un pas en arrière.*

2. Marche.

200. Ramener le pied gauche contre le droit et rompre du pied droit, à cinquante centimètres en arrière.

1. *Un pas à droite.*

2. Marche.

201. Jetez le pied droit à cinquante centimètres à droite dans la même direction ; porter aussitôt le pied gauche devant, à sa distance et à sa position.

1. *Un pas à gauche.*

2. MARCHE.

202. Jeter le pied gauche à cinquante centimètres à gauche ; ramener aussitôt le pied droit à sa distance et à sa position.

1. *Double passe en avant.*

2. MARCHE.

203. Jeter le pied droit à cinquante centimètres en avant du gauche ; rapporter vivement le pied gauche à cinquante centimètres en avant et conserver sa garde.

1. *Double passe en arrière.*

2. MARCHE.

204. Jeter le pied gauche à trente-trois centimètres en arrière du droit ; rapporter vivement le pied droit à cinquante centimètres en arrière du gauche, en conservant sa garde.

1. *Volte-face à droite.*

2. MARCHE.

205. Rapprocher l'arme du corps avec la main gauche, le canon vis-à-vis l'épaule gauche sans déranger la main droite. Tourner ensuite à droite sur la pointe du pied droit ; jeter le pied gauche

perpendiculairement en arrière, à cinquante centimètres ; achever la volte sur la pointe du pied
gauche, et rapporter le pied droit en arrière et à
sa distance ; se mettre en même temps en garde.

1. *Volte-face à gauche.*
2. MARCHE.

206. Tourner à gauche sur la pointe du pied
droit, porter le pied gauche perpendiculairement
en arrière, à cinquante centimètres, et achever la
volte à l'inverse de ce qui est prescrit ci-dessus.

207. Quand les tirailleurs, affermis dans les
diverses positions, exécuteront avec précision et
légèreté les divers pas et voltes, on leur apprendra
à se servir du jeu de leur arme pour l'attaque et
la défense.

1. *En quarte parez.*
2. ARME.

208. Au second commandement, élever le bout
du canon de trente-trois centimètres avec la main
gauche sans déranger la droite ; faire en même
temps une opposition de fer, à gauche, d'environ
seize centimètres, et rester dans cette position.

Reprenez — GARDE.

209. Baisser vivement la main gauche, sans déranger la droite, et ramener l'arme à la position
de la garde.

210. Chaque fois que l'instructeur fera exécuter
les parades et les pointés, il fera toujours reprendre
la garde, à la fin de chaque mouvement, par le
commandement de *reprenez* — GARDE.

1. *En tierce parez.*

2. ARME.

211. Élever vivement l'arme de trente trois centimètres avec la main gauche, sans dérange la droite ; faire en même temps, une opposition de fer, de seize centimètres, à droite.

1. *En prime parez.*

2. ARME.

212. Élever l'arme des deux mains, les bras allongés de toute leur longueur, l'arme couvrant la tête, la platine tournée vers le corps, la baïonnette menaçante, quoique légèrement inclinée à gauche, la capucine à hauteur du sommet de la coiffure.

1. *En prime à droite (ou à gauche) parez.*

2. ARME.

213. Avancer l'épaule gauche (ou l'épaule droite) et parer à droite (ou à gauche).

1. *En quarte pointez.*

2. ARME.

214. Au second commandement porter le poids du corps en avant ; ployer le jarret gauche et tendre le droit ; allonger le bras gauche de toute sa longueur, les doigts de la main gauche ouverts et soutenant l'arme, la crosse devant le téton gauche, la platine en dessous, et rester dans cette position jusqu'au commandement de *reprenez garde*.

1. *En tierce pointez.*

2 ARME.

215. Porter le haut du corps en avant, tendre le jarret droit et ployer le gauche, allonger le bras gauche de toute sa longueur, les doigts de la main gauche ouverts et soutenant l'arme, tourner la platine en dessus, la crosse devant le téton droit.

1. *En prime pointez.*

2. ARME.

216. Élever l'arme de deux mains, les bras allongés, la sous-garde en dessus, le canon entre les doigts de la main gauche ; ployer le jarret gauche et tendre le droit, lancer en même temps l'arme à son adversaire, en pointant à la hauteur d'un homme à cheval.

1. *En prime à droite (ou à gauche) pointez.*

2. ARME.

217. Avancer l'épaule gauche (ou l'épaule droite) et pointer à droite (ou a gauche).

1. *Coup lancé.*

2. *Lancez* — ARME.

218 Au second commandement, jeter le haut du corps en avant, en ployant sur le jarret gauche et tendant le droit, lancer rapidement l'arme à son adversaire de toute la longueur du bras droit, l'abandonner de la main gauche en pointant et reprendre la garde.

219 Chaque fois que les soldats seront en garde contre l'infanterie, il pointeront à hauteur de la

poitrine; en garde contre la cavalerie, ils dirigeront leur coup à hauteur de la tête du cheval ou vers les flancs du cavalier.

220. Quand les soldats connaîtront parfaitement les divers pas, les parades, et les pointés, on les leur fera réunir au commandement de *marche*; exemple:

> 1. *Double passe en avant, en prime parez et pointez.*
>
> 2. MARCHE.

221. Au second commandement, le soldat exécutera la double passe, parera et pointera prime.

222. Comme on doit supposer le cas où un soldat sera forcé de se défendre à la fois contre deux ou trois hommes, on fera exécuter des doubles mouvements et des doubles pointés, ce qui ajoutera considérablement à l'adresse et à l'agilité du soldat: exemple:

> 1. *Un pas en avant, coup lancé volte-face à gauche, en quarte parez et pointez.*
>
> 2. MARCHE.

223. Au second commandement, marcher en avant, lancer le coup, exécuter le volte-face, parer et pointer quarte.

224. Le rang étant en marche, au pas accéléré ou au pas gymnastique, l'instructeur, voulant lui faire faire demi-tour pour marcher en arrière sans arrêter, commandera:

> 1. *Peloton demi-tour à droite.*
>
> 2. MARCHE.

225. Au second commandement, qui sera fait à l'instant où le pied gauche arrive près de terre, le soldat posera le pied à terre, fera face en arrière en tournant sur ce pied, placera, le pied droit dans la nouvelle direction, et repartira du pied gauche.

226. Le rang étant de pied ferme, l'instructeur lui fera marcher le pas en arrière ; à cet effet, il commandera :

1. *Peloton en arrière.*

2. *Guide à gauche (ou à droite).*

3. Marche.

227. Au commandement de *marche*, les soldats se porteront en arrière, en se conformant aux principes prescrits.

OBSERVATIONS RELATIVES A LA DEUXIÈME LEÇON

228. Cette leçon devra être exécutée au port d'armes, l'instructeur, afin de ne pas trop fatiguer les soldats et pour les empêcher de se négliger sur la position, fera arrêter le rang de temps à autre et le fera reposer sur les armes.

MARCHE DE FLANC

229. Le rang étant de pied ferme, et correctement aligné, l'instructeur fera les commandements suivants :

1. *Peloton par le flanc droit.*

2. A droite.

3. *Peloton en avant.*

4. *Pas ordinaire* — MARCHE.

230. Au deuxième commandement, le rang fera à droite ; les numéros pairs, en faisant à droite, se porteront vivement à hauteur et à la droite des numéros impairs, de manière qu'après l'exécution du mouvement les files se trouveront formées de deux hommes coude à coude.

231. Au quatrième commandement, le peloton partira vivement du pied gauche ; les files resteront alignées et conserveront leurs distances.

232. L'instructeur fera marcher par le flanc gauche par les commandements prescrits au n° 229. substituant l'indication de *gauche* à celle de *droite* et par les moyens inverses Ainsi les numéros pairs feront à gauche sur place, et les numéros impairs se placeront a la gauche des numéros pairs.

233. L'instructeur placera un homme bien dressé à côté du soldat qui est en tête du rang doublé, pour régler son pas et le conduire, et il sera recommandé à ce soldat de marcher exactement coude à coude avec l'homme qui doit le diriger.

234. L'instructeur fera observer les règles suivantes :

Que le pas s'exécute d'après les principes prescrits ;

Parce que ces principes, sans lesquels les hommes placés à côté les uns des autres sur un même rang ne sauraient conserver de l'ensemble en marchant, sont encore plus indispensables à observer lorsqu'on marche par file.

*Que la tête de l'homme qui précède immédia-
tement chaque soldat lui cache celles de tous ceux
qui sont devant lui;*

Parce que c'est la règle la plus sûre qu'on puisse
donner pour se maintenir exactement derrière son
chef de file.

L'instructeur se placera habituellement à cinq ou
six pas sur le flanc des hommes qu'il instruit, pour
veiller à l'observation des principes prescrits ci-
dessus ; il se portera aussi quelquefois derrière le
rang doublé, s'arrêtera et lui laissera parcourir
quinze ou vingt pas, afin d'observer si les hommes
se maintiennent exactement derrière leurs chefs
de file.

235. Lorsque l'instructeur voudra arrêter le rang
marchant par le flanc et le remettre face en tête,
il commandera :

1. *Peloton.*

2. Halte.

3. Front.

236. Au deuxième commandement, le peloton
s'arrêtera et aucun homme ne bouchera plus, quand
même il aurait perdu sa distance. Cette attention
est nécessaire pour habituer les soldats à toujours
la conserver.

237. Au troisième commandement, chaque homme
se remettra face en tête, par un *à gauche* si l'on a
marché par le flanc droit, et par un *à droite* si l'on
a marché par le flanc gauche. Les hommes qui se

trouvent derrière leurs voisins habituels dédoubleront en même temps pour se porter vivement à leurs places dans le rang.

238. Lorsque les hommes auront acquis l'habitude de la marche de flanc, l'instructeur les exercera à changer de direction par file ; à cet effet il commandera :

1. *Par file à gauche (ou à droite)*.

2. Marche.

239. Au commandement de *marche*, la première file changera de direction à gauche (ou à droite), en décrivant un petit arc de cercle et marchera ensuite droit devant elle. Les deux hommes de cette file resteront coude à coude. Celui qui se trouve du côté où l'on tourne raccourcira les trois ou quatre premiers pas afin de donner le temps à l'homme du second rang de se conformer à son mouvement. Chaque file viendra successivement changer de direction à la place que celle qui précède.

240. L'instructeur fera aussi exécuter les *à droite à gauche* en marchant ; à cet effet il commandera :

1. *Peloton par le flanc droit (ou le flanc gauche)*.

Marche.

341 Au second commandement, qui sera fait un peu avant que le pied gauche (ou le pied droit) soit près de poser à terre, suivant qu'on devra faire *à droite* ou *à gauche*, les soldats tourneront le corps porteront le pied qui est levé dans la nouvelle

direction, et repartiront de l'autre pied sans altérer la cadence ; les files doubleront ou dédoubleront rapidement.

242. Si, en exécutant un *à droite* ou un *à gauche*, le rang fait face en arrière, les files dédoubleront d'après le principe fixé au n° 237. Ainsi ce seront toujours les hommes qui se trouvent derrière leurs voisins habituels qui dédoubleront de manière à ne pas intervertir l'ordre des numéros dans le rang.

243. Le rang étant de face en arrière, lorsque l'instructeur le remettra de flanc, par un *à gauche*, les numéros pairs doubleront à gauche des numéros impairs. Si c'est par un *à droite*, les numéros impairs doubleront à droite des numéros pairs ; ainsi on doublera toujours en dedans de l'alignement.

244. Les mouvements qui précèdent devront être faits au port d'armes ; mais, lorsque l'instructeur voudra reposer les soldats, il leur fera porter l'arme au bras, et il exigera que, dans cette position, ils marchent avec autant de régularité qu'au port d'armes. Le soldat conservera en marchant la main droite à la poignée de l'arme.

PRINCIPES GÉNÉRAUX DES CONVERSIONS.

245. Les conversions sont de deux espèces, *les conversions de pied ferme*, et *les conversions en marchant*.

246. *Les conversions de pied ferme* ont lieu pour faire passer une troupe de l'ordre en bataille à l'ordre en colonne, ou de l'ordre en colonne à l'ordre en bataille.

247. *Les conversions en marchant* ont lieu dans les changements de directions en colonnes, toutes les fois que ce mouvement s'exécute du côté opposé au guide,

248. Dans les *conversions de pied ferme* l'homme qui est au pivot de la conversion ne fait que tourner sur place, sans avancer ni reculer.

249. Dans les *conversions en marchant*, l'homme qui est au pivot fait le pas de vingt-deux centimètres, afin de dégager le point de la conversion, ce qui est nécessaire pour les subdivisions d'une colonne puissent changer de direction sans perdre leurs distances, ainsi qu'il sera expliqué à l'école de peloton

250. Dans l'un ou l'autre cas, l'homme qui est à l'aile marchante doit toujours faire le pas de soixante-cinq centimètres.

251. Le mouvement de *tourner à droite* ou *à gauche* n'a lieu que dans les changements de direction en colonne du côté du guide, et il faut bien se garder de confondre ce mouvement avec les conversions en marchant.

CONVERSIONS DE PIED FERME.

252. Le rang étant de pied ferme. l'instructeur placera un homme bien dressé à l'aile qui devra marcher, pour le conduire et la diriger, et commandera :

1. *Par peloton à droite.*

2. *Pas ordinaire*—MARCHE.

253. Au second commandement, les soldats partiront du pied gauche, et tourneront en même temps la tête un peu à gauche, les yeux fixés sur la ligne, des yeux des hommes qui sont à leur gauche, L'homme qui est au pivot ne fera que marquer le pas en se conformant au mouvement de l'aile marchante; l'homme qui conduit cette aile marchera le pas de soixante-cinq centimètres, avancera un peu l'épaule gauche, dès le premier pas jettera de temps en temps les yeux sur le rang et sentira toujours le coude de l'homme qui est à côté de lui, mais légèrement et sans jamais le pousser.

254 Les autres soldats sentiront légèrement le coude de leur voisin du côté du pivot, resisteront à la pression qui vient du côté opposé, et se conformeront au mouvement de l'aile marchante, en faisant le pas d'autant plus petit qu'ils seront plus près du pivot.

255. L'instructeur fera parcourir une ou deux fois le tour du cercle avant d'arrêter le rang, afin de faire mieux sentir les principes; il veillera avec soin à ce que le centre ne crève pas.

256. Il fera converser *à gauche* d'après les mêmes principes.

257. Lorsque l'instructeur voudra arrêter la conversion, il fera les commandements suivants :

1. *Peloton.*

HALTE.

258. Au commandement de *halte*, le rang s arrê-

tera, et aucun homme ne bougera plus. L'instructeur, se portant à l'aile opposée au pivot,
placera les deux premiers hommes de cette aile dans
la direction qu'il voudra donner au rang, ayant soin
de ne laisser entre eux et le pivot que l'espace nécessaire pour y encadrer tous les autres. Il commandera ensuite :

A gauche (ou *à droite*) — ALIGNEMENT.

259. A ce commandement, le rang se placera
sur l'alignement des deux hommes qui doivent
servir de base, en se conformant aux principes
prescrits.

260 L'instructeur commandera ensuite FIXE, ce
qui s'exécutera comme il a été prescrit.

OBSERVATIONS RELATIVES AUX PRINCIPES DE CONVERSIONS DE PIED FERME.

261. *Tourner un peu la tête du côté de l'aile
marchante, et fixer les yeux sur la ligne des yeux
des hommes qui sont de ce côté;*

Parce que, sans cette attention, il serait impos-
sible au soldat de régler la longueur de son pas de
manière à se conformer au mouvement de l'aile
marchante

*Tenir légèrement au coude de son voisin du côté
du pivot;*

Afin que les files ne s'ouvrent pas en conversant.

*Résister à la pression qui vient du côté de
l'aile marchante.*

Parce que, si on négligerait ce principe, le pivot, qui doit être un point fixe dans les conversions de pied ferme, pourrait être rejeté hors de sa place par la pression.

CONVERSIONS EN MARCHANT.

262. Lorsque les hommes de recrue exécuteront bien les conversions de pied ferme, on les exercera à converser en marchant.

263. A cet effet, le rang étant en marche, lorsque l'instructeur voudra lui faire changer de direction; du côté du guide, il fera les commandements suivants :

1. *A droite* (ou à *gauche*) *conversion.*

2. **MARCHE.**

264. Le premier commandement sera fait lorsque le rang sera à quatre pas du point de conversion.

265. Au second commandement, la conversion s'exécutera de la manière suivante : le tact des coudes restera du côté du guide ; l'homme qui est au pivot, au lieu de tourner sur place, se conformera au mouvement de l'aile marchante, sentira légèrement les coudes de son voisin, fera le pas de vingt-deux centimètres, en décrivant, pour dégager le point de conversion, un arc de cercle dans le rayon sera égal à la moitiè du front du rang, tandis que l'homme qui conduit l'aile marchante décrira un arc de cercle égal à deux fois l'étendue de ce rang ; le milieu du rang cintrera un peu en arrière. Aussitôt que le mouvement commencera, l'homme qui conduit

l'aile marchante jettera les yeux sur le terrain qu'il doit parcourir.

266. La conversion étant achevée. l'instructeur commandera :

    1. *En avant,*
    2. MARCHE.

267. Le premier commandement sera fait lorspu'il restera quatre pas à faire pour que la conversion soit achevée.

268. Au commandement de *marche* qui sera fait à l'instant où la conversion sera achevée, l'homme qui conduit l'aile marchante se dirigera droit en avant; l'homme qui est au pivot et tout le rang reprendront le pas de soixante-cinq centimètres, et replaceront la tête directe.

CHANGER DE DIRECTION DU CÔTÉ DU GUIDE.

269. Les changements de direction du côté du guide s'exécuteront ainsi qu'il suit; l'instructeur commandera :

    1. *Tournez à gauche (ou à droite).*

    2. MARCHE.

270. Le premier commandement sera fait lorsque le rang sera à quatre pas du point où il doit changer de direction.

271. Au commandement de *marche*, qui sera prononcé à l'instant où le rang devra tourner, le guide fera à gauche ou à droite en marchant, et se prolongera dans la nouvelle direction sans ralentir

ni accélérer la cadence, sans allonger ni raccourcir la mesure du pas Tout le rang se conformera promptement, mais sans courir à la nouvelle direction ; à cet effet, chaque homme avancera l'épaule opposée au guide, prendra le pas accéléré pour se porter dans la nouvelle direction, tournera la tête et les yeux du côté du guide et joindra le coude de son voisin du même côté en se plaçant sur l'alignement du guide dont il prendra le pas ; il replacera ensuite la tête et les yeux dans la position directe : chaque homme arrivera ainsi successivement sur l'alignement du guide ; dans le cas où le peloton marcherait au pas accéléré, les hommes, pour se porter dans la nouvelle direction, précipiteraient un peu la cadence, en allongeant la mesure du pas, jusqu'à cent quarante par minute.

272. L'instructeur, afin de ne pas fatiguer les soldats et de ne pas diviser leur attention, leur fera exécuter sans armes les divers mouvements dont cette leçon se compose, jusqu'à ce qu'ils en connaissent bien le mécanisme.

FORMEZ LES FAISCEAUX.

273. Les hommes étant sur deux rangs, l'instructeur les fera reposer sur les armes, puis il commandera :

Formez — LES FAISCEAUX.

274. L'homme du premier rang de chaque file paire passera son arme devant lui, la saisissant avec la main gauche au-dessus de la grenadière, et la placera la crosse en arrière et près du pied

droit de l'homme qui est à sa gauche, le canon tourné en avant; l'homme du premier rang de chaque file impaire passera son arme à l'homme de la file paire qui est à sa gauche, qui la saisira avec la main droite à cinq centimètres au-dessus de la grenadière, portera la crosse à quatre-vingt-deux centimètres en avant du premier rang, vis-à-vis son épaule droite, inclinant vers soi le bout du canon et croisera la baïonnette des deux armes. L'homme du second rang de la file paire, penchant son arme en avant, introduira la baïonnette entre celle des deux autres armes. L'homme du premier rang la saisira avec la main droite au-dessous la grenadière, la passera en avant du rang en soulevant le faisceau avec la main gauche, et placera la crosse entre les pieds de l'homme qui est à sa droite. Le faisceau formé, l'homme du second rang de la file impaire passera son arme dans la main gauche, le canon en avant, et la placera sur le faisceau en l'inclinant.

275 Les deux rangs ayant pris la position du soldat sans armes, en arrière de faisceaux, l'instructeur commandera :

1. *Rompez vos rangs.*

2. Marche.

ROMPRE LES FAISCEAUX.

276. Les rangs étant réformés en arrière de leurs faisceaux, l'instructeur commandera :

Rompez — les faisceaux.

277. A ce commandement, l'homme du second rang de chaque file impaire retirera son arme du faisceau ; celui du premier rang de la file paire saisira la sienne avec la main gauche, et celle de l'homme du premier rang de la file impaire avec la main droite ; l'homme du second rang de la file paire prendra son arme de la main droite à la grenadière ; ces deux hommes soulèveront le faisceau pour le rompre ; l'homme du premier rang de la file impaire reprendra son arme de la main de son voisin de gauche, et les quatre hommes prendront la position du soldat reposé sur les armes.

IMPRIMERIE WILMOT-COURTECUISSE, LILLE.

Imprimé en France
FROC011617010720
24395FR00018B/476